FRANCISCO LÓPEZ SERRANO

LA CASA HABITADA POR EL ÁRBOL

Editorial Posidonia • 2025

La casa habitada por el árbol ha obtenido el Premio Mallorca de poesía en castellano 2024, convocado por el Consell de Mallorca y otorgado por el jurado formado por Carlota Vicens Pujol (presidenta), Abilio Estévez Pazo, Francisco Florit Durán, Juan Matas Caballero y José Servera Baño.

Consell de Mallorca

La casa habitada por el árbol

© Del texto: Francisco López Serrano
© De esta edición: Editorial Posidonia, 2025
www.editorialposidonia.com

Impreso en España. Los papeles que usamos son ecológicos, libres de cloro y proceden de bosques gestionados de manera eficiente.

PEFC

Primera edición: septiembre, 2025
ISBN: 978-84-129844-2-2
Depósito legal: V-3592-2025

LA CASA HABITADA POR EL ÁRBOL

FRANCISCO LÓPEZ SERRANO

EDITORIAL
POSIDONIA

A Raquel

Miro hacia fuera, y en mí crece el árbol.
Velo por mí, y en mí está la casa.

Rainer Maria Rilke

Escribir poesía
es cuidar un jardín
donde solo germina lo que muere.

Lola Mascarell

ÍNDICE

1
LA CASA EN MÍ

Para quién

Si mis sueños se pierden
al despertar
como la luz disipa las tinieblas
en la alborada,
¿para quién sueño?

Si cada pensamiento,
doliente gota,
como lluvia en el mar
se desvanece,
¿para quién pienso?

Si todas las palabras
se amontonan
como cáscaras vanas
en el aire,
¿para quién hablo?

Si mi vida atraviesa
como un destello

un oscuro paisaje
de nada a nada,
¿para quién vivo?

Si la muerte me lleva
como una sombra
por un bosque de sombras
hacia el olvido,
¿para quién muero?

Vida *offshore*

Incluso cuando estoy solo
nunca sé con quién
me encuentro realmente.
Me miro en el espejo y solo veo
una parte ínfima de mí.
El que pasea ahora y se distrae
contemplando los rostros opacamente iguales
que abarrotan las calles u hojeando
los libros indistintos que abarrotan
los anaqueles de una librería,
el que observa el ocaso desangrarse,
el que come en mi plato o se acuesta
en mi lecho, el que piensa
en el ser incompleto que soy
y del que no es más dueño
que los otros, son inconclusas formas
de mí mismo, las parciales figuras
de un ser que se derrama y se dispersa,
como una mancha en un papel secante,
en mil lugares y en mil mentes distintas.

Gran parte de mí se halla guardada
en la memoria de los otros,
un depósito *offshore* de mi existencia
al que no tengo acceso, un capital
del que muy rara vez obtengo rédito.
Gran parte de mí se halla muerta y sepultada
para siempre en los seres que amé y perdí.
Tan muerto como vivo, aún subsisto
despedazado como un reo condenado
por alta traición o sacrilegio, expuesto
o enterrado en mil encrucijadas diferentes.

La casa habitada
por el árbol

En Varanasi hay una casa
que habita un árbol. Sus frondosas
ramas asoman por los ventanales.
Su savia corre en mí
por secretos canales
cuando lo pienso allí,
enraizado en mi mente,
floreciendo en mi sangre,
dando fruto en mi alma
como un presentimiento,
marchitándose en mí.
Un árbol me respira
en Varanasi dentro
de una casa que expira
en mi memoria.

Contemplando el nacimiento del arcoíris desde la cumbre de Helsegga

Desde la altura, el mar semeja
una lámina de metal batido.
A lo lejos un barco, como una cizalla,
corta la compacta plancha marina,
y una nube incontinente deja
caer unas gotas de lluvia en exceso
meditadas. El verdor sombreado
del brezo da a los montes
un cromatismo cambiante, como la piel
de un reptil.
              De la arena blanca
de una playa remota,
desde lo alto veo surgir un arcoíris.
Hasta este día, acaso epifánico,
el arcoíris siempre había surgido
del más allá de algo, una montaña,

el horizonte, el mar, la lejanía.
Era un fenómeno cuyo nacimiento
y final resultaban tan inaprensibles
que había llegado a generar la leyenda
de que al final de él se encontraba
un caldero colmado de monedas de oro.
Nunca hasta hoy había podido
observar su anclaje con la tierra.
Ahora, al hacerlo, podría refutar
de primera mano cualquier mito o leyenda:
el anclaje del arcoíris con la tierra resulta
tan espectral, vago y efímero
como el de cualquier otro elemento
real o imaginario, incluida mi vida.
                                      Estoy en el lugar,
me digo, donde los mitos nacen
y al nacer mueren, porque verlos nacer
es verlos morir.
                    Estoy en el lugar
donde los mitos muestran su origen,
su desnudo mecanismo, su falsedad,
su aliento humano.
                    Toda
revelación nos ilumina y deja
a la vez en nosotros un poso de negrura.

En el valle del Bove frente al monte Etna

Du mußt dein Leben ändern.
Rilke

En la contemplación de este paisaje
hay una voluntad de aceptación
y de resignación. La mirada
desciende por el valle soleado
como desciende un cuerpo
al valle de las sombras,
abreva en el remanso,
escucha más que mira
la elegía foliácea
de las ramas al viento que susurran
la sentencia ya firme, ejecutoria,
y asciende luego la tutelar montaña
donde se purifica en su cumbre nevada.
En estos campos más antiguos que la huella
impura de los hombres, donde no hay
un solo rincón, una sola brizna
que no te mire, las cosas hablan

con una voz arcaica y sentenciosa
de oráculo que dice: «Nada importa
que cambies tu vida».

Atardecer en el templo de Debod

Hacia el oeste el cielo se ha teñido
de un candente arrebol que va virando
al carmín, al rosado, al azafrán
y al topacio. Como un codicioso
e irónico rey Midas, la luz convierte
en oro los barrios pobres del sur.
Es extraño que estos tonos cromáticos
de una belleza sobrecogedora
sean el resultado de las impurezas del aire,
de la suciedad que absorbe las ondas
de menor longitud permitiendo
que solo las de longitud mayor,
los rayos rojos, lleguen a la retina.

Que la belleza sea consecuencia
de la impureza no deja de ser
un signo de esperanza
para la humanidad.

Una línea abstracta

O sonho é ver as formas invisiveis
da distancia imprecisa.

FERNANDO PESSOA

La calle vacía y recién regada
tiene un olor agreste y germinal,
como si el fantasma del páramo que fue
antes de ser ciudad la visitara
de noche.
        Son las cinco
de la mañana de un día cualquiera
en Lisboa. El insomnio
me ha hecho abandonar la habitación
del hotel para fumar un cigarrillo.
               Recorro
sin un rumbo preciso las callejas del Chiado
y en la terraza desierta de A Brasileira
me siento frente a la estatua del poeta
de la ciudad.
        «¿Cómo puedo ser otro
si ni siquiera sé quién soy?»,

provoco a la estatua parodiando
a Álvaro de Campos.
                              «No necesitas
saber quién eres para ser otro,
siempre se es otro aun sin saberlo»,
responde la estatua un tanto
rimbaudianamente.
                              No solo la muerte,
el sueño o la locura permiten descansar
de ese hábito atroz de ser siempre uno mismo,
la escritura nos da la posibilidad
de ser otro o ser muchos,
de ser los actores de *um drama em gente*.

Como el horizonte que vislumbramos
a mar abierto desde la proa de un barco,
esa línea abstracta que al desembarcar
se transforma en tierra, pájaros y flores,
en el océano de la vida, cada ser humano
nos muestra su horizonte, esa abstracta línea
tras la que se encuentran multitud de seres.

«Cada uno es muchos otros»,
me digo parodiando
a mi circunstancial heterónimo de bronce
mientras vuelvo al hotel
a encontrarme conmigo.

Despedida en Venecia

Has muerto tantas veces; nos hemos
despedido… en cada andén de los
desgarramientos.
ROSARIO CASTELLANOS

En Venecia los ángeles
tienen alas de quiróptero
y su blando aleteo
se une a los sonidos
del tráfico fluvial,
y de la aviar algarabía.
El ángel que nos guía
hacia el Ferrovial
tiene el aire contrito
de los adioses tristes.
Sus pasos silenciosos
dibujan la ciudad,
su anegado contorno,
en un suave *sfumato*.
Y su risa le pone
el sonido a la lluvia.
Pero la risa duele
y el alma casi escuece,

y la lluvia… La lluvia
siempre hace su papel
sin ahorrarse una gota.
La ciudad es el mal
presentimiento de
algún dios compungido,
y la paleta escueta,
muy poco veneciana,
casi mezquina del
atardecer, tampoco
ayuda demasiado.
Todo este baile nuestro
de adioses y reencuentros,
de apegos y rencores,
de anhelos y fracasos,
de afanes que se inician
en ellos mismos para
perderse en ellos mismos
como el rastro de un dios,
es solo un mecanismo
de reajuste de la vida
que coincide con el reajuste
homeostático del universo.
Ese metabolismo
del sentimiento que hace
que lo que se vacía
sea reemplazado
por alivio o dolor,
por nostalgia u olvido.

En la estación apenas
unas breves palabras.
La sonrisa forzada
(viraje del carmín
a la melancolía)
eludiendo las lágrimas.
Y en el andén el largo
abrazo, la desesperada,
inútil resistencia de dos seres
a la entropía.

Contemplación

Desde mi ventana y mi biblioteca
(decir ventana y biblioteca es casi
incurrir en un pleonasmo)
contemplo el mundo a una
distancia casi higiénica.
La vida pasa y yo dejo que pase
como quien mira absorto (insoslayable
tópico) el lento transcurrir de un río,
y pienso que vivir tal vez consista
solo en eso: dejar que el tiempo pase
y advertir al final, con horror o alivio,
que ya no hay vuelta y, además, qué importa.

Tristitia cogitationis

Thought is an infection.
WALLACE STEVENS

Qué inteligente es no pensar en nada,
como la piedra, el árbol, el arroyo,
sin inquietud ni angustia ir hacia el hoyo
con un brillo de paz en la mirada.

Pienso y por tanto existo, mas termino,
si pienso demasiado, renegando
de la existencia y voy la vida andando,
la jornada execrando y el camino.

¿Por qué si pensar es prueba cabal
de existencia, me aboca como un lastre
a abjurar de la vida que me es dada?

Tan solo existo si no pienso en nada,
si soy sin más y dejo que me arrastre
la vida a su capricho hacia el final.

Sueño

He soñado con un universo afable
que me sonreía, arropaba y acunaba
tras besarme tiernamente en la frente:
he soñado un universo madre.

He soñado con un universo dócil,
mi mano acariciándolo, sintiendo
el dulce ronronear de las esferas:
he soñado un doméstico universo.

He soñado con un universo fiel,
íntimo, cordial, leal, sincero,
su mano afectuosa sobre mi hombro:
he soñado un universo amigo.

He soñado con un universo amante,
sus ojos en mis ojos, sus manos en las mías,
fructificando su semilla en mí:
he soñado un universo enamorado.

He soñado soñar que despertaba
en la fría intemperie de este mundo,
y el universo hostil me contemplaba:
he soñado que mi sueño me soñaba.

Consonancias

La losa sellada donde inhumar el pensamiento.
La prosa esbozada donde ocultar el alma.
La rosa cultivada donde cifrar los sueños.
La fosa excavada donde enterrar la palabra.

La losa alzada donde exhumar la nada.
La prosa lograda donde exhibir la nada.
La rosa marchitada donde descifrar la nada.
La fosa profanada donde vejar la nada.

Losa, prosa, rosa, fosa, consonantes son
de lo que se oculta, de lo que se muestra,
de lo que no tiene razón, sinrazón,
de estar dentro o fuera, de existir o no.

Mudo espejo

De su romance con la superficie del lago
la luna obtiene un prometedor reflejo,
un compromiso de himeneo, un vago
anunciar de nupcias, un fugaz cortejo.

Agua alunada, aguada luna, bajo la mirada
de nadie. Música callada que flota, que nada
como ninfa exangüe en la luz rielada.
Melodía plateada, quieta, silenciada.
Rima duplicada, imagen soñada.
Helada pupila del cielo clavada
en la piel del agua muda, remansada.

¿Será el ser acaso un tenue reflejo
de algo que en lo alto tímido se asoma,
su inútil mirada en un mudo espejo,
de algún demiurgo la funesta broma?

Un color herido
(Contemplación)

Triste sous le ciel vaste.
ARTHUR RIMBAUD

Posada de las nubes
en las nubes posada,
albergue que guarece
el pensamiento
de esa intemperie azul
que oprime la mirada,
ese azul que es recuerdo
de la nada
que de tu entraña sube
como reminiscencia
a tu conciencia,
conciencia que cultiva
la flor de la palabra,
la palabra en flor,
la palabra que labra
el barbecho de amor
que en las nubes arraiga:

un herido color
que en azul se desangra,
en ese azul que es sangre
de tu mirada herida.

2
EL GRAN TAHÚR

Deus escreve os tortos por linhas direitas.

FERNANDO PESSOA

Yo no te envidio, Dios; déjame a solas
con mis obras humanas que no duran:
el afán de llenar lo que es efímero
de eternidad, vale tu omnipotencia.

LUIS CERNUDA

Dios es un truco del diablo.

JEAN ANOUILH

Recuerdo de la nada

Todo soy. Nada soy.
Un Todo hecho de Nada.
Una tirada al Todo o a la Nada.
La Nada que de Todo se alimenta.
El Todo que de Nada se sustenta.
En mí confluyen como en un vertedero
lo que fue, lo que es, lo que será,
lo que no ha sido ni será ni es.
                              Mi conciencia
se derrama sobre todas las cosas,
                    se e x p a n d e
como una mancha en el mantel del mundo.
Una rugosidad en la bruñida Nada almidonada
es estar siendo.

La deuda

Naciste endeudado, y endeudado
con esa carga intacta y permanente,
herida que pervive impenitente,
al final la existencia habrás dejado.

Deuda y culpa grabadas en tu ser
están sin exención que las redima,
pues no existe indulgencia que suprima
el gravamen que has de satisfacer.

Ni el óbolo en la boca al fin condona
la deuda contraída en ningún lado,
ni en el antes ni el ahora ni el después.

La tasa de desgaste no fracciona
el tributo que paga lo creado
y que la Nada impone a alto interés.

El juicio final

¿Es todo este clamor el fin del mundo?
¿Suena ya la trompeta señalando
la jornada fatídica y citando
a los muertos en el día iracundo?

¿Seremos pronto, sin descargo alguno,
llamados ante el alto Tribunal,
que juzga con rigor el bien y el mal,
y cuyo fuero no excluye a ninguno?

El Gran Juicio se celebró mucho antes
de que existiera el mundo. Hubo sentencia
y se dictó la general condena

con los más despiadados agravantes:
la muerte que es aneja a la existencia
y a la vida consciente fue la pena.

La partida

Leer tu suerte en una nota al pie
de un sueño. Ser a un tiempo en el envite
jugador, baraja, apuesta sin límite,
pérdida, lucro, incertidumbre y fe.

Concurrir a una timba de antemano
amañada y con las cartas marcadas
frente a alguien que conoce tus jugadas
y te despluma en la primera mano.

Esta es la apuesta y esta es la partida
que llamamos la vida, y que jugamos
sabiendo previamente el resultado.

Nada importa la carta recibida,
lo mucho barajado o descartado,
al final de vacío nos marchamos.

Sísifo o el azar

Nada ni nadie está más preparado
para ser Dios que el simple azar. Camino
al azar por la vida e imagino
lo que sería de habérseme otorgado

el don de no añorar más el pasado
ni temer el futuro, si el destino
me donara el regalo repentino
de vivir el presente, resguardado

de la muerte. Mas soy una criatura,
en sus instintos aún no realizada,
a acarrear para siempre condenada

su grave impedimenta, herencia oscura
o lastre evolutivo: la conciencia
que me priva del don de la inocencia.

El Gran Tahúr

El libro de Job
ilustra cabalmente
la catadura de Dios:
un fullero jactancioso
que apostó con el diablo
por la lealtad de su siervo
y ganó.

Dios como creador
y creación

El sintagma «Dios
creador» oculta
una flagrante falsedad:
su humana creación.
Un Dios que es a la vez
creador y criatura.
«Humana creación»
(el castellano
consiente esta anfibología
entre el creador creado
y la creadora criatura).

Mateo 22-36

«Ama a tu prójimo
como a ti mismo»,
dice el Evangelio,
mas cuán difícil
es amarse a uno mismo.

Conciencia

Tener sobre el mundo
el poder demoledor
de saberse mortal,
la divina indiferencia
de un ser condenado.

La blasfemia infinita

Si el universo fuera ilimitado,
cada sueño sería tan real
como esta lenta víspera otoñal
y cada acto de fe estaría abocado

a procrear un dios. Cualquier alado
delirio, ensueño o ilusión casual
engendraría un monstruo, un ser fatal
vagando en el espacio desolado.

Si el universo fuera ilimitado
la fe y el sueño habrían de ser proscritos,
derogados los dogmas y los mitos,

y responder de aquello en que creemos
y pagar por aquello que soñamos.
¿Cuántos monstruos tu fe ya habrá engendrado?

Presente eterno

If all time is eternally present
all time is unredeemable.

T. S. ELIOT

Si puedo imaginar mi propia muerte
es porque de algún modo ya ha ocurrido.
He muerto tantas veces y he nacido
que morir al final será una suerte

de dulce remembranza. ¿Qué subvierte
de la flecha del tiempo su sentido
y hace que lo que fue y lo no acaecido,
por igual sean, si no es algo más fuerte

que la vida y la muerte? Nuestros sueños
al infinito unidos son el puente
que une lo imaginado y verdadero

en una intersección siempre presente,
un hoy del que jamás seremos dueños.
Ya lo que no ha de ser tan solo espero.

Presente eterno
(Variación)

Time present and time past
are both perhaps present in time future…
T. S. Eliot

Si puedo imaginar mi propia muerte
es porque de algún modo ya ha ocurrido,
tantas veces he muerto y he nacido
que morir al final será una suerte

de plácido recuerdo. Lo soñado,
deseado o presentido, cuanto ha sido
o no fue, lo que dimos por perdido
restos son de un futuro consumado.

Hoy que tan solo tengo, no sé dónde,
de lo no sido sus no hallados dones
y la promesa de un presente ausente,

guardo el futuro como aquel que esconde
su caudal a resguardo de ladrones,
y espero a que el pasado se presente.

Propósito de enmienda

Para vivir en paz con uno mismo
bastaría tan solo adecentar
el mal recuerdo de mañana
que hoy es tu vida. El futuro
no es más que lo ganado o lo perdido
en el ahora. El futuro es tan solo
un pasado que espera.

3
EN MITAD DE LA NADA

Aquí estaba yo sentado, esperando
esperando – pero esperando nada,
más allá del bien y del mal, saboreando así
la luz, como la sombra,
no siendo yo mismo entero otra cosa que juego,
que mar, que mediodía, que tiempo sin meta.

FRIEDRICH NIETZSCHE

Toi qui sur le néant en sais plus que les morts.

STÉPHANE MALLARMÉ

Sentido y forma

Desde la intuición poética
a la física de partículas,
el ser humano solo
ha logrado aprehender
del lenguaje del mundo
rudimentos de estilo,
cierta cadencia, una
ligera vibración
en la tersa superficie
de la realidad, que no llega
siquiera a insinuar
la presencia del leviatán
que dormita en el fondo.
Y no es que el estilo
sea la única verdad del universo,
pero sí la única a la que el hombre
ha podido acceder. Ocúpate
de la forma, dice el mundo,
que el sentido se ocupará de sí mismo.

La luz que nos ve

La luz que nos ve es ciega,
con su blanco bastón
llega a nosotros tanteando el aire,
reconoce palpando con su mano
la forma de los entes, no su «en sí»,
lo que nos miente el mundo,
las cosas y los seres.
La luz que nos visita desde mundos hostiles,
esa luz alienígena, enemiga, invasora,
nos revela tan solo aquello que no somos.

En mitad de la nada

Si antes del Big Bang, el universo
futuro se encontraba contenido
en un punto minúsculo en mitad de la nada,
¿para qué un Big Bang?
                              Cuando no existen
parámetros ni elementos
comparativos, cuando no hay
ni grande ni pequeño,
ni arriba ni abajo,
¿qué diferencia hay entre un punto
minúsculo en mitad de la nada
o un universo?
                    Si hay algo
en mitad de la nada,
no hay nada.
                    Si hay nada
no puede haber algo.

Divagaciones sobre la vaguedad de la luz

*El problema no es lo que se ve,
sino el ver mismo.*

JOSÉ ÁNGEL VALENTE

I

La luz,
esa oscuridad
infatuada,
esa oscuridad
con ínfulas,
sin conciencia de sí,
sin conciencia de ti.

II

Siempre al final
la luz nos abandona
y nos libera.

III

Oscuridad,
reverso de la luz
que ilumina a la muerte.

IV

Nous voulons regarder: – le Doute nous punit !
Rimbaud

Qué cosas terribles vemos a menudo
y qué cosas aún más terribles
podríamos ver si la Duda
no nos castigara, cosas que nuestra mente
jamás lograría asimilar, que nunca
llegaría a asignarles una forma, un color;
cosas oscuras que solo alcanza a ver
el ojo, ese animalillo sin conciencia.

V

La conciencia del ojo no ve,
la conciencia del ojo es ciega,
pero inventa la luz.

VI

¿Qué se esconde tras el punto ciego?
¿La muerte? ¿Acaso Dios, que acecha
igual que una alimaña en la maleza?
Tus ojos ven lo que tu mente ignora.
Tu mente oculta lo que tus ojos callan.

VII

Somos luz consciente,
luz que se extingue
en su consciencia.

VIII

Doy al interruptor,
la oscuridad se enciende,
las estrellas se apagan.

IX

Es tan lenta la luz,
ya ni la esperas.

X

La luz acoge
en sagrado
el crimen de ser.

XI

La luz no escapa
como agua entre tus manos,
eres tú quien escapa
como agua entre las suyas.

XII

Quae lucis miseris tam dira cupido?
Eneida, VI, Virgilio

¿De dónde este aciago
anhelo de luz,
qué tenebrosa entraña
provoca esta sed?

XIII

Ser,
entre tinieblas,
los ojos de la luz.

XIV
(Acteón)

Ahora, si puedes, cuenta lo que has visto,
antes de que se esparza tu mirada
como sangre en el suelo derramada
en la crucifixión de ver. Previsto

ha la diosa el momento, su sorpresa
es fingido pudor. Aún no habías, mudo,
profanado su virginal desnudo
y ya eras la huidiza y dócil presa.

Tu cacería se inició mucho antes
de que Diana lanzara su amenaza.
Emprendiste al nacer la larga huida,

tocó el tiempo su corneta de caza,
y, cual jauría, las horas jadeantes
comenzaron sin tregua tu batida.

Dentro fuera

No hay nada adentro
que no esté afuera.
No hay nada afuera
que no esté adentro.

Estar afuera
es estar dentro.
Estar adentro
es estar fuera.

No hay interior,
no hay exterior,
no hay los otros,
tampoco hay yo.

Todo pervive
fuera de adentro.
Todo pervive
dentro de afuera.

Fuera y adentro,
los otros, yo,
eres tú mismo,
ellos te son.

Hacia el ser

Debo morir de mí para nacerme.
Ser menos lo que soy y más mí-mismo.
En la noche cruzar el hondo abismo
que me separa de re-conocerme.

Des-ser mi propio ser y al cabo serme.
Conjurar este vívido espejismo
con que convivo, hallando el exorcismo
que me expulse de mí para al fin verme

con los ojos que ven lo que en mí duerme
fuera del ser que me posee y habita
impermanente y me desinfinita.

Fluirme de mí mismo a lo diverso
que soy: la piedra, el río, el universo.
Y en la totalidad reconocerme.

Este instante

Ya te desangres
en la nostalgia
o te desgarres
en la esperanza,
otra cosa no hay,
solo este instante.

La duda

La duda es la única
prueba (circunstancial)
de nuestra libertad.

Et in cosmos ego…

«Y en Arcadia yo…»
dice la Muerte
desde el bucólico paisaje
de la Inocencia.
«Y en el Cosmos yo…»
dice el Caos
desde el idílico paisaje
de la Ciencia.

Nada se pierde

Nada se pierde, aquello que se olvida
yace en la mente, oculto y silenciado,
se torna en otra idea, ha germinado,
como un cuerpo enterrado que da vida

a la planta que nutre bajo el suelo
sobre el terreno donde el cuerpo yace.
Así, lo que se pierde al fin renace
como ave Fénix que reemprende el vuelo.

En el mundo, según ley inmutable,
nada se crea ni desaparece
solo se altera, se transforma o crece:

siempre hay la misma cantidad invariable
de ideas y también de pensamiento,
la misma angustia, el mismo abatimiento.

Eternidad e instante

Eternidad e instante:
una misma cosa
que se escapa.

La muerte

La muerte es un mar
que va a dar a ese río
que somos.

Eternidad

Eternidad:
subordinación retórica
de un instante.

Blasfemia

Si la conciencia es un espejo
colocado frente al universo,
¿quién concibió
la irredimible blasfemia
de duplicar lo infinito?

Narcisismo primario

Si, como sir Arthur Eddington afirma,
la conciencia es un recurso del Universo
para poder contemplarse a sí mismo,
deberíamos atribuir al Universo
una clara pulsión narcisista:
el Universo debería tumbarse
en el diván de un psicoanalista.

Ser

Entre la miseria de la carne
y la gloria de la nada,
el consuelo del polvo.

Futuro pasado

Pasó el futuro,
fuese
y (no) hubo nada.

4

SOMBRA DE LO QUE SE NOMBRA

Que más que voz de un sueño parecía,
en su misterio gris, sombra de un eco.

CONCHA MÉNDEZ

Poética

El punto de apoyo
que buscaba Arquímedes
para mover el mundo
con su palanca
no era el amor
ni la revolución,
no era la economía
ni la lucha de clases
ni la tecnología,
ni siquiera tu mente
o tu conciencia,
era esa palabra
que en las noches de insomnio
de exaltación, de rabia
y de impotencia,
remota, inaprensible,
te ronda.

Heráclito o el río
de la escritura

El hecho de que una obra
guardada en un cajón,
sin intervención nuestra
y según nuestra propia percepción,
se reordene, mejore
o hasta se perfeccione
constituye la prueba irrefutable
de que el tiempo nos vuelve
conformistas y condescendientes
respecto a nosotros mismos
y a nuestros defectos.
La obra permanece
inmutable, nosotros
nos vamos reescribiendo
hasta desescribirnos.

Gain from loss

A veces me pregunto
cómo sería mi obra si no hubiera
perdido vanamente el tiempo.
¿Qué vastas bibliotecas,
desolados trasteros, vertederos
o desangelados cajones o baúles
ocuparía? Y me respondo
que sin ese tiempo perdido
no existiría obra alguna,
del mismo modo que no existe
materia sin antimateria.
Que toda obra es fruto
del tiempo que se pierde
tanto o más que del tiempo
ganado. Pues el tiempo
que se gana al perderlo
es tiempo substraído
a la eternidad.

Lo que se nombra

Vivir es perder
y poseer es la forma
más cruel de la pérdida.
Poseer es perder
lo que se tiene,
nombrar es poseer,
y poseer, perder
lo que se nombra.

Deja ir a los muertos

Deja ir a los muertos, no les abras
las puertas de tu alma o tu conciencia,
no invoques su memoria, pues los muertos
podrían arrastrarte a su anémico reino.
No perturbes con lámparas o flores,
con llantos o plegarias o desgarrar de prendas
su quebradizo sueño. Déjalos reposar
a su muerte abrazados como amantes.
Los muertos insepultos siempre buscan refugio
en la profunda fosa que en tu interior cavaron.

Ahora que te has ido

In memoriam FSM

Tu mano fresca sobre mi frente febril,
tu mirada dulce, tu sonrisa como
un bálsamo en la llaga de estar vivo.
Tu amor, tu alegre entrega,
tu mudo y sonriente sacrificio
de cada día, sin una queja,
sin un lamento. Las palabras
que no supe decirte y que ya no oirás.
Todo se lo tragará el tiempo,
se irá por su inmenso sumidero
hacia la nada. Frente al dolor
y la desesperación, ¿qué nombre
invocaré ahora que te has ido?
Cuando despierte asustado,
¿quién me dirá: «No tengas miedo»?
¿Adónde regresaré tras agotar mis pasos
de peregrino? ¿Dónde hallaré cobijo?
Ahora que te has llevado contigo
la casa, el calor y la alegría,

y a mis pies ha caído sin sentido
la palabra *volver* como un despojo.
Ya no tengo un lugar donde volver
y sin embargo tu dulzura y tu amor,
tu enorme fortaleza, como una casa
inmensa, acogedora, siempre abierta,
no morirán jamás, pues son la fuerza pura
que enciende las estrellas, el aliento
primigenio que impulsa el universo.
Tu dulzura y tu amor son el azul
de las estrellas acercándose.

Peregrinaje

A veces siento una tristeza inédita
que semeja un sentimiento de otro mundo,
una melancolía y una angustia
diseñadas para otra gravedad,
para un planeta en el que mi cuerpo
pesara más de cien mil toneladas
y la atracción de la tierra bajo mis pies
me arrastrara hacía un sepulcro en vida.
A veces siento un cansancio infinito,
una fatiga que solo podría sentir
alguien que hubiera vivido millones de años.
Y esa tristeza y ese cansancio me revelan
mi incalculable edad, mi presencia
en el inicio de la creación, el peregrinaje
de los átomos que ahora me coforman
expandiéndose con todo el universo.

Y siento la tristeza de quien añora
su lejana morada, y el cansancio
de haber viajado durante eones
hacia mí, a encontrarme conmigo,
en este cuerpo que tornará a ser astro.

Triste pájaro de infancia

Assistí, distraído de ser eu…
FERNANDO PESSOA

Asistí, ajeno a mí,
a mi lejana infancia,
y ahora en la distancia
evoco lo que acaso nunca fui.

Las tardes que en la escuela
del tiempo el paso lento
tornaba el pensamiento
en pájaro que vuela

tratando de escapar por la ventana
cerrada y, golpeando los cristales,
revolotea en busca de ideales
paisajes y aventuras, la lejana

tierra de promisión que solo existe
en el falaz recuerdo del que evoca,
tras los años, aquella infancia loca
que nunca ha sido, y reconoce triste

que abrir la jaula del recuerdo es
soltar un pájaro que busca una salida errado
y contra el cristal tras el que vemos el pasado
se estrella y cae muerto a nuestros pies.

In gratiam dementiae
In memoriam AMLM

La forma más terrible del olvido
es olvidar sin perder el recuerdo
de haber olvidado, mas, cuando se olvida
sin guardar conciencia de haberlo hecho,
sin que la certeza del olvido nos corroa,
es algo parecido a la inocencia.
La demencia enfrenta la muerte
con la misma inconsciencia
con la que un niño afronta el nacimiento.
Así te vi morir, desnaciéndote,
entrando en la muerte sin inquietud,
sin angustia, como quien se desliza
dulcemente en el seno de la eternidad,
como quien vuelve a casa.

Natura cupidi transcendentes sumus

Nuestro dolor y nuestra dicha,
nuestras ilusiones y deseos,
nuestra conciencia y nuestro entendimiento
e incluso nuestro afán de trascendencia
no son ni más ni menos trascendentes
que el perfume de una flor,
la onda en un estanque
o los tintes sangrientos de un ocaso.
Y, no obstante, esa forma
natural de intrascendencia
nos hace dignos de trascender
como el perfume de la flor, la onda
en un estanque o los tintes
sangrientos de un ocaso.

EDITORIAL
POSIDONIA